Aktuelle Ernährungs- und Diätirrtümer

Märchen rund um die Ernährung & Diät

Andrea Meiling

Bibliografische Information der Deutschen Nationalbibliothek
Die Deutsche Nationalbibliothek verzeichnet diese Publikation in der
Deutschen Nationalbibliografie; detaillierte bibliografische Daten sind im
Internet über http://dnb.d-nb.de abrufbar.

1.   **Auflage** © 2010 Verlag4you, Calberlah
Autor: Meiling, Andrea
Buchblock u. Korrektur: Werbe- und Texteragentur-Gifhorn
Herstellung und Verlag: Books on Demand GmbH, Norderstedt
ISBN   9783839143315

Vorwort

Wissenswertes zu Diäten oder gesunder Ernährung werden in unterschiedlicher Qualität von Fachzeitschriften und Verlagen in breiter Palette angeboten. Leider beruhen diese Artikel auf falschen Angaben, hartnäckigen Irrtümern und basieren oft auf der Meinung von Sponsoren, die sehr viel Geld für eine positive Veröffentlichung ihrer Produkte zahlen. Unabhängigkeit und reiner Informationsgehalt für den Kunden werden dabei meistens vernachlässigt.

Im Mittelpunkt dieses Buches stehen umfassende Informationen nach den neusten Erkenntnissen, die den Leser überraschen dürften.

So werden unter anderen modernsten Untersuchungen zu der gesunden Ernährung in dem Buch veröffentlicht, die Sie erstaunen werden, denn sie widerlegen einige Theorien, die von den Medien der breiten Masse als gegeben vorgelegt wurden und an denen sich die Ärzte jahrzehntelang gehalten haben.

Ungeschönte Urteile von unabhängigen Waren- und Forschungstests stellen wir Ihnen ebenfalls vor, die seit langem bestehende Meinungen ins Wanken bringen.

Was sind die größten Diätlügen? Auf diese Fragen und mehr gibt dieses Buch ausführliche Antworten.

Sie möchten, dass Ihre Diät ein Erfolg wird? Wir verraten Ihnen, wie es funktioniert.

Kompakt, unterhaltsam und gut leserlich wird das Thema von uns vorgestellt. Verschiedene Leser/innen haben dieses Buch im Vorfeld der Veröffentlichung getestet und zu 99 % uns ein positives Feedback für die Nutzbarkeit des Inhaltes des Buches gegeben. Wir wünschen gute Unterhaltung.

Ihre Andrea Meiling   April 2010

GESUNDE ERNÄHRUNG

Nirgendwo in der Wirtschaft und Werbung wird soviel die Wahrheit geschönt wie bei unserer Ernährung. Kein Wunder, denn hier wird das meiste Geld ausgegeben. Jeder möchte gesund leben und wo beginnen Sie als Verbraucher am besten, wenn nicht bei der Ernährung.

Die größten Schwindel sind bei den ständig wechselnden Diäten oder fettarmen Produkten zu finden. Jeder möchte gern schlank bzw. gesund aussehen und die Hersteller verkaufen ihre Waren dem entsprechend werbewirksam. Zudem wird kaum erwähnt, dass die beste Diät nicht ohne Bewegung funktioniert. Im Gegenteil, kleine Mittelchen zum Abnehmen, Schlankheitspillen oder fettarme Produkte versprechen, dass normal weiter gegessen werden kann und das Abnehmen ohne Sport funktioniert. Leider klappt es so eben nicht. Die größten Irrtümer beim Abnehmen und Diäten werden in den nachfolgenden Abschnitten genau beleuchtet und aufgedeckt.

Die größten Diätschwindel Teil 1

Besonders im Frühjahr möchten viele abnehmen. Diätempfehlungen boomen und doch sind die Deutschen trotz aller Bemühungen übergewichtig. Woran liegt das? Es werden Kleinigkeiten während einer Diät oft unterschätzt. So haben zum Beispiel einseitige Diäten, die auf kohlenhydratreiche, fettarme oder eiweißreiche Ernährung setzten, einen viel größeren Jojo-Effekt als die allmähliche Reduzierung der täglichen Kalorienmenge bei gleich bleibender, eventuell fettärmerer, Ernährung.

Da ist die Cola oder die Limonade zum Essen. Kaum einer ahnt, wie viel Zucker in einem Getränk enthalten ist. Auch die Light Getränke haben reichlich Zucker intus. Englische Forscher fanden heraus, dass die flüssigen Kalorien einen weitaus größeren Einfluss auf das Gewicht haben, als die Kalorien in der festen Nahrung. Viel Trinken ist in Ordnung und nötig, aber es sollten kalorienarme Getränke wie Mineralwasser oder Tees sein. Weißem Tee werden eine entschlackende und damit eine das Abnehmen unterstützende Wirkung nachgesagt.

Ein Märchen ist auch, dass die Tageszeit der Nahrungsaufnahme darüber entscheidet, ob abgenommen oder zugenommen wird. Wissenschaftliche Studien beweisen, dass es egal ist, wann die Nahrung aufgenommen wird. Auch die Verteilung der Kalorien auf mehrere Mahlzeiten ist ein Ammenmärchen. Entscheidend ist einzig die Kalorienanzahl pro Tag.

Um einen wirklichen Erfolg beim Abnehmen zu erzielen, muss der tägliche Kalorienbedarf ermittelt werden. Eine sanfte Diät, welche das schrittweise Anpassen an den tatsächlichen täglichen Kalorienbedarf beinhaltet, vermeidet den viel befürchteten Jojo-Effekt. Ratsam ist leichter Sport in Maßen, denn nachweislich unterstützt Sport jede Diät und erhält die Gesundheit. Mit diesen Empfehlungen nimmt man zwar langsam, aber stetig und vor allem relativ sicher ab.

Die größten Diätschwindel Teil 2

Wer wirklich abnehmen will, darf nicht allgemeinen Diätlügen aufsitzen. So versprechen uns Light-Erzeugnisse eine gesunde und vor allem kalorienarme Ernährung. Das stimmt nicht ganz. Diese Produkte haben zwar weniger Kalorien, aber dafür sättigen sie auch weitaus weniger. Die Folge ist, es wird mehr gegessen und letztlich nimmt man soviel Kalorien zu sich, wie bei einem normalen Produkt oder sogar mehr.

Eine weitere Lüge rund um die Diät ist die angeblich **zuckerfreie Ernährung**, durch die zig Kilos abgenommen werden könnten. Die Gesundheitsschäden durch eine zuckerfreie Diät dürfen nicht unterschätzt werden und vor allem sie treten bereits nach einer Woche auf. Unser Gehirn benötigt seine tägliche Ration an Zucker, besonders bei geistigen Tätigkeiten wie beispielsweise bei einem Studium. Während Prüfungen braucht das Gehirn zusätzlichen Zucker, sonst sind Blackouts nicht selten die Folge, was eine Form von Zuckermangel des Gehirns ist. Wer abnehmen will, muss nicht gleich eine Tafel Schokolade essen. Ein Stück gelutscht, verlängert den Genuss und hält das Gehirn fit.

FdH (Friss die Hälfte) mag zwar Mini-Erfolge verzeichnen, aber die Wurzeln des Übergewichtes greift es in der Regel nicht an. Schlechte Essgewohnheiten müssen durch eine vorteilhafte Ernährung ersetzt werden, sonst bringt auch diese Diät nichts. Die Gefahr, wieder in alte Essstrukturen

8

zu verfallen, ist riesengroß. Der Jojo-Effekt ist bei FdH viermal so groß wie bei einer normalen Diät.

Um gesund abzunehmen, empfiehlt es sich, den **Hausarzt oder einen Ernährungsberater** einzuschalten und sich beraten zu lassen. Dabei wird normalerweise die Ernährung umgestellt, ohne dem Körper zu schaden.

Die größten Diätschwindel Teil 3

Schnell abnehmen – etliche Kilos in wenigen Tagen, versprechen viele Diäten, doch was ist wirklich dran? Das **Heilfasten** beispielsweise soll den Körper entgiften und die Pfunde nur so schmelzen lassen. Die Kilos verliert man tatsächlich, aber in der Regel sind durch den Jojo-Effekt rasch die Pfunde wieder auf dem Körpergewicht und nicht selten ein bis zwei Kilos mehr als zuvor. Durch das Heilfasten entstehen mehr Stoffwechselprodukte (die so genannten „Gifte") und deshalb kann der Körper gar nicht entgiftet werden.

Die heiß geliebte **Ananas-Diät** soll die Fettverwertung angeblich verhindern. Das ist ein Märchen. Die Ananas besitzt zwar wirklich diese Enzyme, jedoch im Magen werden die Enzyme deaktiviert, so dass sie keine Wirkung entfalten können. Jedoch kann Ananas die Süßigkeiten ersetzen. Wer statt einer Tafel Schokolade lieber 300 Gramm Ananas isst, wird auf Dauer sich gesünder ernähren und auch einige hundert Gramm an Körpergewicht pro Woche verlieren.

Abführtees sollen eine Gewichtszunahme verhindern. Das ist ein gefährlicher Irrglaube. Diese Tees sind für reale Verstopfungen gedacht, ansonsten schädigen sie die Darmflora. Ein gesunder Verdauungstrakt fördert das Immunsystem und besonders beim Abnehmen muss das Abwehrsystem einwandfrei funktionieren.

Die Gefährlichkeit von **fettfreier Ernährung** oder dem Verzicht auf Fette unterschätzen viele Menschen. Der Körper benötigt Fettsäuren für den täglichen Stoffwechsel und ist damit unverzichtbar. Die allgemeine Empfehlung von Beratern für die Fettzufuhr pro Tag liegt bei 20 % der Gesamtenergiemenge, welche zu sich genommen wird.

Vegetarische Ernährung mag sich gesund anhören, besonders im Zusammenhang mit einem zuverlässigen Abnehmen. Das stimmt zum Teil, doch ein absoluter Verzicht auf tierische Produkte führt zu Mangelerscheinungen wie zum Beispiel Haarausfall, Calciummangel (brüchige Fingernägel oder Haare) oder Jodmangel (wichtig für die Schilddrüse).

Die größten Diätschwindel Teil 4

Die Gefahren von bestimmten **Diätfehlern** sind meistens nicht bekannt und oft steht nur das schnelle Ergebnis der Diät im Vordergrund als die eigene Gesundheit. Das kann sich als verhängnisvoller Fehler entpuppen. Die Langzeitschädigungen von Diäten sind wenig erforscht und Studien befassen sich in der Regel nur mit den Ergebnissen von Monaten. Eine kleine Zusammenstellung von bewiesenen Fehlern soll bei der richtigen Abnehmstrategie helfen.

Das **Abendessen ausfallen** zu lassen, wäre angeblich eine sichere Methode, um schnell abzunehmen. Das ist falsch. Es spielt nachweislich keine Rolle, wann gegessen wird, entscheidend ist die Menge der Kalorien.

Die **freiverkäuflichen Pillen und Tabletten** zum Abnehmen sollen bei der Diät helfen. Unkontrolliert eingenommen können diese kleinen Mittelchen den Körper übermäßig entwässern, was den Nieren und dem Darm schadet. Hat der Arzt Herzmedikamente verordnet, dann ist der Wasserentzug so groß, dass eine weitere Schädigung des Herzen wahrscheinlich ist.

Wer meint, mit einer **halben Stunde Joggen** hat er soviel Sport getrieben, dass er nun schlemmen kann ohne Ende, irrt ebenfalls. Sport zu treiben, unterstützt zwar das Abnehmen, aber es wird immer nur eine bestimmte Anzahl von Kalorien verbrannt. Alles beim Essen, was darüber und den Tageskalorienbedarf geht, setzt letztlich doch an.

Eine **Obst- und Gemüsediät** bietet angeblich genügend Vielfalt und Vitamine, um Mangelerscheinungen vorzubeugen, meinen sehr viele Abnehmwillige. In gewisser Hinsicht stimmt das auch, doch tierische Fette und Proteine benötigt der menschliche Körper. Deshalb muss die ganze Diät ausgewogen sein.

Dass regelmäßige **Saunabesuche** bei der Diät helfen, ist ein weiterer Schwindel. Das durch die Hitze verlorene Wasser holt sich der Abnehmwillige durch den entstehenden Durst zurück. Fazit: Manche Diätmärchen sind sehr gefährlich. Eine richtige Beratung ist eher angesagt.

Diätirrtümer

Hartnäckig hält sich so manches Diätmärchen am Leben. Die Werbung verspricht einen schlanken Körper durch allerlei Produkte, die auf kurzzeitiger Wirkung aufbauen oder keine nachgewiesene Effekte haben. Dadurch entstehen häufig Diätirrtümer, von denen einige vorgestellt werden.

Trockenbürstenmassagen lassen angeblich Fettdepots verschwinden, ist einer dieser Irrtümer. Fett lässt sich nicht durch diese Massagen entfernen, aber es entsteht eine gute Durchblutung, Hautschüppchen verschwinden und die Haut sieht fest und schön aus.

Viele Menschen glauben, wenn sie sich **eiweißreicher** ernähren, würden sie schneller abnehmen. Tatsache ist, dass Eiweiße besser sättigen als Kohlenhydrate, aber zuviel Eiweißgehalt in der Nahrung kann die Nieren schädigen.

Ein **Glas eisgekühltes Wasser** vor dem Essen hilft beim Abnehmen, daran glauben fest einige Diätfans. Das ist nur teilweise richtig. Um das Wasser auf Körperwärme zu bringen, verbrennt der Körper tatsächlich Kalorien. Aber dazu müsste ein Liter Eiswasser getrunken werden, um wenigstens 30 bis 35 Kalorien zu verbrennen, so viel wie ein Stückchen Würfelzucker.

Crashdiäten (abnehmen von 7 Kilos in einer Woche) hören sich gut an, versprechen viel und halten wenig. Bei Crashdiäten purzeln erst einmal die Kilos, doch in der Regel sind es nur ganz wenig Fett und ganz viel Wasser. Das dem Körper entzogene Wasser wird spätestens eine Woche später über das Trinken wieder herein geholt. Wer nun glaubt, dann trinke ich eben weniger, sei gewarnt. Der Körper, das Immunsystem und das Gehirn benötigt täglich 2 bis 3 Liter Flüssigkeit, sonst kommt es zu Mangelerscheinungen, die wirklich krank machen.

Einige schlaue Mitmenschen behaupten, dass **morgens eine große Mahlzeit** angeblich den Magen weitet und so erhöht sich die mögliche Nahrungsaufnahme für den restlichen Tag. Darum sei es besser, auf das Frühstück zu verzichten. Das ist falsch. Im Gegenteil, Kinder und Menschen, die schwer arbeiten, sollten morgens unbedingt essen. Wer auf das **Frühstück verzichtet,** isst doppelt soviel zu den anderen Mahlzeiten, weil der Hunger übergroß wird. Entscheidend ist eigentlich nur die **Kalorienanzahl pro Tag**, die man zu sich nimmt.

Schwere Knochen – was steckt wirklich dahinter?

Einige Mitmenschen behaupten, dass ihnen eine Gewichtsreduzierung nichts bringen würde, da sie über **zu schwere Knochen** verfügen. Das ist meistens eine Ausrede. Solange die betreffenden Personen nicht in jedem Knochen eine Metallplatte haben, beläuft sich das Gewicht der menschlichen Knochen auf maximal 2 Kilogramm bei einem Erwachsenen.

Das heißt, rund **10 Prozent des menschlichen Gewichts** wird durch Knochen verursacht. Das Skelett eines Menschen ist zwar hart und widerstandsfähig, aber bei weitem nicht so schwer, wie allgemein angenommen wird.

In der Regel lagert ein Mensch hauptsächlich Wasser, Fette oder Muskelmasse ein. Mit einer gezielten Diät und ausreichend Sport kann jeder abnehmen.

Schwere Knochen sind ausgeschlossen, das wurde wissenschaftlich nachgewiesen.

Die heimlichen Dickmacher

Viele Menschen, die abnehmen wollen, wundern sich, warum die Diäten mitunter nur wenig oder sogar gar nicht anschlagen. Der Fehler liegt in den kleinen Dickmachern, die kaum Erwähnung finden. Einmal, weil sie relativ unbekannt sind, oder da sie einfach zu Gewohnheiten gehören, denen nicht soviel Gewicht beigemessen wird in der Diät, wie sie tatsächlich haben.

Der winzige **Snack** (wie Kuchen, Pralinen, Chips) nebenbei und auf Dauer lässt die Pfunde einfach nicht schmelzen. Als Gegenstrategie empfehlen Ernährungsberater das strikte Essen zu den Mahlzeiten. Wir raten außerdem zum Aufstellen von kleinen Obstschalen oder Gemüsetellern. Das ist gesund und sättigt auch zwischendurch.

Zu hohe Erwartungen bringen nichts, auch wenn die Medien große Versprechungen abgeben. Niemand schafft es, 5 bis 7 Kilogramm in einer Woche abzunehmen. In der Regel wird nur Wasser bei diesen Crash- Diäten verloren. Da muss jeder realistisch sein zu seinen Zielen. Maximal kann bei einer Kalorienreduzierung von etwa 1000 Kalorien ein Kilogramm Körpergewicht in einer Woche verloren werden.

Stress- Essen kennt fast jeder, doch kaum einer spricht darüber. Entweder es wird aus Frust gegessen oder das Essen findet zwischen den Terminen statt. Das ist ein Dickmacher hoch drei. Das Stresshormon

Cortisol steigert das Essverlangen und damit wird mehr gegessen, als beabsichtigt.

Wer kennt das nicht, den ungeliebten **Jojo-Effekt**, bei dem zum Schluss mehr drauf ist, als vorher. Dieser kommt durch einseitige Diäten oder Radikaldiäten zustande. Dann empfiehlt es sich eher mit einer sanften Diät zu beginnen. Das bedeutet, eine allmähliche Umstellung der Ernährung, langsam die Kalorien pro Tag reduzieren und die notwendige sportliche Bewegung steigern.

Der große Diäten- Check

Die Zeitschrift FIT FOR FUN hat ein bisschen Licht in den Diätendschungel gebracht und 55 bekannte wie exotische Diäten einmal genauer angesehen. Dabei wurden die Diäten, welche empfehlenswert waren, mit den Bezeichnungen „effektiv" versehen. Andere Diäten, die zwar die Pfunde purzeln lassen, aber keine dauerhaft schlanke Linie wegen des Jo-Jo-Effekts versprechen, wurden unter anderem mit „nicht effektiv" beurteilt.

Die **Nulldiät und ähnliche Hungerkuren** haben durchweg **„nicht effektiv"** erhalten. Ebenso erging es den einseitigen **Speck-Weg-Programmen**. Von diesen Hungerkuren raten Experten dringend ab. Hier zählt weder die Qualität der Diät noch ist es auf eine für den Körper ausgewogene Ernährung ausgerichtet.

Spitzenreiter waren **Low- Fat- Diät, Fit-For-Fun-Diät, Nutripoint- Diät, Schlank- mit- System, Weight Watchers und xxl-well.com**. Diese Diäten vereinen einfache Zubereitung, ausgeglichene Ernährung, der Abnehm- Effekt ist dauerhaft, der Zeitaufwand hält sich im Rahmen.

Gute Diäten müssen laut den Experten folgende Dinge berücksichtigen:

> ➢ Die Nahrung muss auch während einer Diät vielseitig sein, denn auch eine neue Ernährung muss erlernt werden. Im Übrigen wird so Mangelerscheinungen vorgebeugt.

➢ Die ausgezeichneten Diäten beinhalteten dies und lieferten obendrein leckere Rezepte für jeden Tag.

Bei einer guten Diät zählt eher die **Qualität** als die Quantität. Das bedeutet, etwas weniger essen ist Bestandteil jeder Diät. Doch hungern um jeden Preis, lässt vielleicht die Kilos nur so schmelzen, aber der Jo-Jo- Effekt holt sich alles und mehr wieder zurück.

Am besten ist eine Diät, die zwar **kalorienarm** ist, aber man sich **gesund satt essen** kann. Im Übrigen, ein ständiges Hungergefühl verursacht schlechte Laune und schnell ist man wieder im Kreislauf alter Gewohnheiten. Deshalb sind auch Diäten mit „effektiv" beurteilt worden, die **langsam abnehmen** lassen, aber dafür dauerhaft einen Erfolg haben.

Die beste Diät ist nur halb so gut ohne Bewegung. Durch **sportliche Betätigungen** lässt sich die Diät unterstützen und ein gezieltes Abnehmen verwirklichen. Nur sollte langsam begonnen werden, denn sonst werden die Gelenke überstrapaziert. Auch hier empfiehlt sich eine allmähliche Steigerung, dann fällt das Pensum bald leichter aus.

Wer sehen möchte, wie seine Diät abgeschnitten hat oder eine gute Diät sucht, muss nur die Internetseite von Fit For Fun aufrufen und kann es dort nachlesen.

Die große Fettlüge

Seit Jahren warnen Wissenschaftler vor **tierischen Fetten**, denn das sei die Ursache für einen Herzinfarkt. Nun wurde diese unbewiesene Hypothese aus dem Jahre 1950 genauer unter die Lupe genommen mit einem erstaunlichen Ergebnis.

Vorweg sei erwähnt, dass bereits 1936 festgestellt wurde, dass die Nahrung kaum Einfluss auf die Blutwerte hat. Diese Tatsache wurde der breiten Öffentlichkeit über Jahrzehnte hinweg verschwiegen.

Im Jahr 1953 hat ein amerikanischer Arzt die These aufgestellt, dass zwischen dem Verzehr von tierischen Fetten und der Sterblichkeit bei Herzerkrankungen ein Zusammenhang bestehen würde. Dazu führte er sechs Länder an, obwohl 22 Länder in der Datenbank zur Verfügung standen, und präsentierte deren Fettverzehr sowie die Herzinfarktsterblichkeit. Sein Ergebnis war, dass je höher der Fettverzehr ist, umso höher das Risiko an einem Infarkt zu sterben. Da er nur sechs Länder verwendete, statt der 22 Länder, die zur Verfügung standen, bewies schon 1957 Professor Jacob Yerushalmy von der University of California in Berkeley, wie sich die Relation zwischen Herzinfarkten und dem Fettverzehr verkleinerte, wenn die Ergebnisse aller 22 Länder einbezogen wurden.

Trotzdem hielt sich jahrelang die Theorie über den Zusammenhang vom tierischen Fetten, Blutfetten und dem Infarktrisiko, nicht zuletzt, weil sich die amerikanische Herzgesellschaft diese These aneignete und im großen Stil propagierte. Nun wurden viele Studien vorbereitet, die nachweisen sollte, dass bei weniger tierischen Fetten in der Nahrung das Infarktrisiko gesenkt wird. Diese Versuche scheiterten, die letzte große Untersuchung dazu fand 2001 statt.

Es wurde herausgefunden, dass das **Hormon Insulin für Infarkte verantwortlich** zeichnet. Es leitet nicht nur Kohlenhydrate in die Zellen, sondern regt auch in der Leber deren Veränderung zu Triglyceriden an und hemmt die Fettverbrennung.

Das bedeutet letztlich, wir müssen allgemein umdenken, denn Getreideprodukte benötigen jede Menge Insulin zu Verwertung. Offenbar sind also Cornflakes zum Frühstück ungesünder als Eier mit Speck.

Schokolade – der Dickmacher schlechthin?

„Schokolade ist ungesund, macht dick und verursacht Karies." Diesen Ausspruch kennt jeder von uns und verantwortungsbewusste Eltern halten Süßigkeiten sowieso von Kindern fern.

Das ist falsch! In Schokolade befinden sich **Lecithin und Zucker**, was das Gehirn für Höchstleistungen dringend benötigt. An einigen Universitäten oder Fachhochschulen empfehlen Professoren bei der Prüfung bzw. Klausur Schokolade zu essen, da dies Denkblockaden löst und einem möglichen Zuckermangel wie den damit verbundenen Blackouts vorbeugt.

Es gibt sogar eine **Schokoladen-Diät**. Das hört sich unsinnig an, aber Studien belegen den Erfolg.

Das **Geheimnis** liegt im **Genuss** und **maßvollem Essen** der Schokolade. Wir haben Ihnen einige **Tipps** zusammengestellt, wie Sie Ihre Schokolade essen können und dabei trotzdem abnehmen.

> ➢ Kaufen Sie sich eine **kleine Tafel** Schokolade und teilen Sie sich diese ein. Rechnen Sie mit maximal einer kleinen Tafel (50 gr) pro Tag. Das spart Geld und hilft beim Abnehmen.

> ➢ Lassen Sie sich **nicht ablenken**! Das Essen von Süßigkeiten vor dem Fernseher oder dem PC ist eine Dickmacherfalle, weil Sie dann nicht mehr auf die Mengen achten, die Sie zu sich nehmen.

> Was halten Sie davon, wenn Sie von der Billigschokolade auf **Gourmetschokolade** umsteigen? Diese edle Schokolade ist zwar teurer, schmeckt aber auch besser. Teilen Sie die neue Schokolade so ein, dass Sie dabei den Preis der gleichen Menge an Billigschokolade angleichen.

> Vorsätze sind ja gut und schön, aber leider klappt nie so richtig die Umsetzung. Statt für immer auf Schokolade zu verzichten, sagen Sie sich lieber: „**Ich esse weniger Schokolade.**" oder Sie bestimmen **die Menge pro Woche**. Das ist ein realistisches Ziel und umsetzbar.

> Vielen wird das **Stress-Naschen** bekannt sein. Bei Stress wird schnell mal eine Tafel Schokolade in sich hinein gestopft. Das macht tatsächlich dick. Warum versuchen Sie es nicht anders? Nehmen Sie sich zwei Stück Schokolade. Eines essen Sie gleich und versuchen Sie es zu lutschen oder bewusst langsam zu essen. **Genießen** Sie es und konzentrieren Sie sich auf den Geschmack. Sie werden sehen, der Stress lässt fast augenblicklich nach. Wenn der Stress verschwunden ist, belohnen Sie sich mit dem zweiten Stück.

> Sind Sie ein großer Schokoholiker, dann ersetzen Sie doch eine Zwischenmahlzeit

durch einen **Schokoladenimbiss**. Der könnte so für 200 Kalorien aussehen:

- ❖ 35 Gramm Vollmilchschokolade oder
- ❖ 40 Gramm Zartbitterschokolade oder
- ❖ 45 Gramm Edelbitterschokolade mit mindestens 60 Prozent Kakaoanteil oder
- ❖ 3 Pralinen

➤ Sie lieben Ihren Schokoladenpudding und möchten eine Diät durchziehen? Hier kommt die gute Neuigkeit. Sie müssen nicht auf Ihre **Süßspeise** verzichten, sondern nur die Kalorien pro 100 gr vergleichen. Alles ist erlaubt mit bis zu 200 Kalorien pro 100 Gramm. Und dann genießen Sie. **Genuss ist der Schlüssel zum Erfolg von weniger essen und jeder Diät.**

Sich schlau Essen – so geht es

Bestimmte Nahrungsmittel bringen die Gehirnzellen **tatsächlich** gezielt auf ein höheres Leistungsniveau. Nahrung für das Gehirn gibt es also wirklich.

Eine höhere Motivation, ein besseres Gedächtnis und eine starke Konzentration hängt hauptsächlich von der regelmäßigen und ausreichenden Zufuhr des Kohlenhydrates **Glucose** ab.

Bestimmte **Eiweiße** werden zu wichtigen Neurotransmitterstoffen aufgebaut, die die Gehirnzellen für die Kommunikation untereinander benötigen.

Die Funktionen der Zellmembranen von Nervenzellen haben einen Bedarf an **mehrfach ungesättigten Fettsäuren**, vor allem **Omega- 3- Fettsäuren**.

Wie sehr sich das, was auf dem Teller liegt, im direkten Zusammenhang mit der Gehirnleistung steht, wird zurzeit von Nahrungsmittel- Neurologen erforscht.

Die folgenden Lebensmittel wurden als besonders förderlich für die **Leistungssteigerung** genannt.

> ➤ Das sind unter anderem **Nüsse**, die das Gehirn mit dem notwendigen Lecithin versorgen.

> ➤ **Curry** beugt Alzheimer vor.

- ➤ **Sushi** hat sich gegen Jodmangel bewährt und beinhaltet Aminosäuren.

- ➤ **Broccoli** schützt mit Vitalstoffen das Hirn vor freien Radikalen.

- ➤ **Bananen** besitzen Kalium, was für die Botenstoffe zwischen Gehirnzellen unbedingt notwendig ist. **Vollkornprodukte** liefern die Spurenelemente, **Eier** erhöhen die Konzentration.

- ➤ **Fische** versorgen den Körper mit Omega-3-Fettsäuren und beugen so Alzheimer vor.

- ➤ **Zwiebeln** säubern durch den Wirkstoff Alicin die feinen Blutäderchen im Gehirn und sorgen damit für eine gute Sauerstoffversorgung.

- ➤ **Schokolade** schützt vor Schlaganfällen und versorgt das Gehirn mit Lecithin und Zucker.

- ➤ Der Verzehr von **Garnelen** beliefert das Gehirn ebenfalls mit Aminosäuren.

- ➤ Und wer hätte das gedacht, **Blaubeeren** regen den Datenaustausch zwischen den Gehirnzellen an.

So wurde mittels eines IQ-Testes in den USA herausgefunden, dass sich die Gehirnleistung von Schülern um 30 % steigerte, wenn diese statt Fastfood Äpfel und Nüsse in den Pausen zu Essen bekamen.

Weitere Untersuchungen belegen, dass ältere Menschen sich vor Alzheimer und geistigem Leistungsabfall schützen können durch den Verzehr von bestimmten Vitaminen, Mineralien und Omega- 3-Fettsäuren. Jedoch die angeborene Intelligenz kann durch eine spezielle Ernährung wie das Brain Food nicht verbessert werden, betonen die Forscher.

Probiotische Lebensmittel auf dem Prüfstand

Die Werbeaussagen („**Probiotika stärken das Immunsystem**") von Herstellern probiotischer Lebensmittel wurden durch Wissenschaftler der Bundesforschungsanstalt für Ernährung und Lebensmittel (BFEL) in Kiel getestet.

Dazu wurden verschiedene probiotische Bakterienstämme als Gemisch untersucht. Das Ergebnis war überraschend. Bei einer täglichen Einnahme verhinderte das Präparat zwar keine Erkältung, aber die damit verbundenen Beschwerden sowie die Dauer der Erkrankung wurden deutlich verringert. Schon in einer früheren Studie konnten die Forscher nachweisen, dass Probiotika im Zusammenhang mit Antibiotika die häufig unangenehmen Nebenwirkungen des Antibiotikas wie Durchfall und Übelkeit verringert bzw. sie traten wesentlich harmloser und seltener auf. Bei einem Antibiotika werden schädliche Bakterien abgetötet oder gehemmt, dagegen ein Probiotika unterstützt die Besiedlung des Darms mit nützlichen Bakterien. Das ist möglich, weil die probiotischen Mikroorganismen den Darm lebend erreichen, anders als die Milchsäurebakterien des Joghurts.

Dazu erhielten die knapp 500 Studienteilnehmer im Frühjahr wie im Winter **täglich** das probiotische Präparat oder ein Placebo. Erkrankten sie an einem Schnupfen, so wurden die Art und die Stärke der Beschwerden beschrieben. Durch die Placebo-Gruppe war ein optimaler Vergleich gegeben. Weitere Untersuchungen werden sicher in naher Zukunft mehr Informationen über probiotische Bakterien geben.

Probiotische Lebensmittel sind eine ausgezeichnete Ergänzung zu einer ausgewogenen Ernährung, jedoch werden sie beispielsweise nicht den Apfel, die Orange und den Kiwi in der Erkältungszeit ersetzen. Probiotische Bakterien sind keine Vitamine oder Spurenelemente bzw. Mineralien. Sie können nur unterstützend helfen.

Jedoch mit diesem Untersuchungsergebnis der Forscher aus Kiel können Aussagen wie „aktiviert die Abwehrkräfte" als **bestätigt** angesehen werden, auch wenn diese Aussage sehr allgemein gehalten ist.

Zunehmen – die Diät für Dünne

Wer den Begriff Diät hört, denkt in erster Linie an Übergewicht. Doch kaum einer weiß, dass Diät auch für eine kaum beachtete Randgruppe steht, die **Untergewichtigen**. Dabei geht es nicht um magersüchtige oder unter Bulimie leidende Menschen, sondern um Menschen, die aus Appetitmangel untergewichtig sind.

Dieses Leiden betrifft mittlerweile 3,7 Millionen Menschen in Deutschland und ist wenig bekannt. Fällt der betroffene Mensch mit einem Wert von 18,5 unter sein BMI (Body-Maß-Index), dann ist ein Gang zum Hausarzt angebracht, um eine Diät zum Zunehmen zu besprechen. Denn Untergewichtige sind von weitaus mehr gesundheitlichen Schäden in kürzester Zeit bedroht als Übergewichtige.

Nüsse beispielsweise helfen beim Zunehmen und besitzen etwa 550 Kilokalorien pro 100 Gramm einen hohen Energiegehalt. Nüsse enthalten lebensnotwendige Fettsäuren ebenso wie Vitamin E und B wie Magnesium.

Die vielfach angebotenen Drinks oder Pillen zum Zunehmen dürfen nur nach Absprache mit dem Arzt eingenommen werden. Wer bereits ein gesundheitliches Problem hat und deshalb Medikamente regelmäßig einnehmen muss, dem sei dringend angeraten, seinen **Arzt** vor der Einnahme solcher Mittelchen aufzusuchen.

Besonders bei untergewichtigen Menschen müssen auf ein ausgewogenes Maß an **Proteinen, Vitaminen wie Kohlenhydrate** achten. Dies ist bei den im Handel angebotenen Mitteln nicht immer der Fall.

Eine Voraussetzung für ein erfolgreiches Zunehmen ist, dass **mehrmals am Tag** kleinere Mahlzeiten gegessen werden. Dabei ist es wichtig, dass sich die Portionen **allmählich steigern**. Eine langsame Steigerung der Nahrungsmenge dagegen weitet systematisch den Magen und der Körper gewöhnt sich allmählich an die erhöhte Energiezufuhr, die er zu verarbeiten hat. Dazu sollte man sich Zeit lassen und die Mahlzeiten **genießen**.

Vegetarische Ernährung – Gruppeneinteilung

Menschen, die sich vegetarisch ernähren, nehmen immer mehr zu. Bei Kindern kommt es ebenfalls zeitweise vor, dass sie Fleisch plötzlich nicht mehr mögen. Das ist nur vorübergehend und nach etwa längstens einem halben Jahr essen sie wieder normal. Erst, wenn diese Entwicklung länger als 6 Monate dauert, erfordert es ein klärendes Gespräch zwischen Eltern und Kind. Besonders Teenager übernehmen gern die vegetarische Ernährung, wenn diese in dem Umfeld grade angesagt ist. Daraus kann sich echter **Vegetarismus** entwickeln.

Vegetarier nehmen aus Überzeugung kein Fleisch bzw. keine tierische Produkte in unterschiedlicher Ausprägung als Nahrung zu sich. Dabei ist die Bezeichnung Vegetarismus ein Oberbegriff für mehrere **Untergruppen**, die unterschiedlichen vegetarisch sind und sich somit verschieden ernähren. Ernährungsberater staffeln die Gruppen folgendermaßen:

Die erste Gruppe besteht aus Personen, die sich teilweise vegetarisch ernähren. Zu dieser Unterteilung gehören **Teil- und Halbvegetarier, Ovo- Lacto-Vegetarier und Lacto-Vegeatrier**.

Die nächste Gruppe wird bereits von Ernährungswissenschaftlern mit einiger Skepsis betrachtet, denn ihre Ernährung erfolgt nach strengen vegetarischen Regeln. Das bedeutet, nur reine Pflanzenkost wird zu sich genommen, was gewisse Risiken wie die einer Mangelernährung birgt. Zu dieser Gruppe gehören **Veganer und Rohköstler** (zusätzlich Verzicht auf gekochte Nahrung).

Die letzte Gruppe ist eine Sondergruppe und wird allgemein abgelehnt von den Wissenschaftlern, denn die **Fructaner, Frugivoren und Pudding-Vegetarier** lehnen jegliche tierische Produkte kategorisch ab. Sie bevorzugen selbst die pflanzliche Kost in einer Form, die leicht zu Mangelerscheinungen führen kann.

Unabhängig betrachtet ist nur die **erste Gruppe empfehlenswert.** Die beiden anderen Gruppen haben normalerweise mit Mangelerscheinungen zu kämpfen, äußere Anzeichen können dünneres Haar, brüchige Nägel und eine fahle Haut sein. Krankheiten wie Osteoporose, Nierenerkrankungen und gehäufte Anfälligkeiten für Erkältungen sind die inneren Anzeichen für den Mangel an wichtigen Proteinen, tierischen Fetten wie Mineralien, Vitaminen und Spurenelementen.

Vegetarische Ernährung – pro und contra

Sich vegetarisch zu ernähren, ist eine Überzeugungs- und Einstellungsfrage. Was zu dieser Überzeugung beigetragen hat, ist mitunter sehr vielfältig. Manche mögen einfach kein Fleisch, andere wenden sich auch gesundheitlichen Aspekten der vegetarischen Ernährung zu. Wiederum andere haben ethische oder religiöse Gründe für ihre Entscheidung. **Vorteile** hat diese Lebensweise auf alle Fälle.

> ➢ Wer **abnehmen** möchte und das auf Dauer, ist mit der vegetarischen Ernährung gut beraten.

> ➢ Das **Übergewicht** kann dauerhaft vermindert werden, der **Blutdruck** wird gesenkt.

> ➢ **Herz- und Kreislauferkrankungen** treten bei Vegetariern seltener auf.

> ➢ Der **Cholesterinspiegel** ist nicht erhöht.

> ➢ **Verstopfungen** treten durch die ballastreiche Kost nicht mehr auf.

Die **Nachteile** sind aber offensichtlich.

> ➢ Denn mit dieser Überzeugung wird gleichzeitig eine Aufnahme von Proteinen wie notwendigen Fetten verringert, dann sollten sehr wahrscheinlich auftretenden **Mangelerscheinungen** vorgebeugt werden.

- Diese Mangelerscheinungen äußern sich in **Abgeschlagenheit, Müdigkeit, verminderte Belastbarkeit, Appetitlosigkeit, Osteoporose, Jodmangel, Immuninaktivität.** Diesen Symptomen von Mangelerscheinungen beugt man vor, indem der Vegetarier viele Sojabohnen, Nüsse und andere Samenfrüchte verzehrt.

- Da die meisten Nahrungsmittel roh gegessen werden, ist vermehrt mit **Lebensmittelallergien** zu rechnen.

- Einem **Defizit in der Nahrungsaufnahme** von Spurenelemente, Mineralien und Vitaminen muss rechtzeitig vorgesorgt werden.

- Säuglinge beispielsweise brauchen **Eiweiße und Omega 3 Fettsäuren** für eine gesunde Entwicklung. Auch wenn behauptet wird, dass Säuglinge diese lebensnotwendigen Stoffe mit der Muttermilch erhalten, dann muss dagegen gehalten werden, die Voraussetzung für eine ausgewogene Muttermilch ist eine gesunde und umfassende Ernährung der Mutter.

Zusammenfassend lässt sich folgender Schluss ziehen.

Die vegetarische Ernährung hat durchaus ihre Vorteile, doch den **erwähnten Mangelerscheinungen muss rechtzeitig vorgebeugt** werden.

Das betrifft besonders Risikogruppen wie Säuglinge, Kinder und ältere Menschen. Hier empfiehlt es sich, vor dieser Ernährung die Meinung eines Arztes einzuholen, denn die Risiken für die Gesundheit liegen hier weitaus höher durch eine Mangelernährung.

Ernährungspyramide

Wer sich schon einmal mit seiner gesunden Ernährung beschäftigt hat, der wird auch über den Begriff der „Ernährungspyramide" gestolpert sein.

Zeichnerisch ist sie wie eine Pyramide dargestellt und in Praxen vor Ernährungsberatern wird sie gern im Warteraum aufgehängt, um den Patienten eine Vorab-Information zu geben. Die Ernährungspyramide gibt nämlich die Grundlage dafür, wie vielfältig und ausgewogen der eigene Speiseplan am Besten aufgebaut ist.

Die Pyramide ist **in verschiedene Nahrungsmittel unterteilt** und gibt Aufschluss darüber, **wie häufig eine bestimmte Gruppe an Lebensmitteln** gegessen werden sollte. Dabei ist sie in **sechs** Stufen aufgebaut und mit den Farben Grün, Gelb und Rot gekennzeichnet.

Auf der **untersten Stufe** sind **Flüssigkeiten** wie zum Beispiel Wasser oder Fruchtsäfte zu finden, auf der **nächsten Stufe sind Gemüse und Obstsorten** eingetragen, danach folgen alle **Formen von Getreideprodukten** wie zum Beispiel Reis oder Brot.

Diese drei Abschnitte sind **grün** unterlegt und geben an, was täglich zu sich genommen werden muss, um eine gesunde Grundernährung zu gewährleisten.

Als nächstes folgen **die Milch sowie Milchprodukte, Fisch, Fleisch und Eier**, welche nur in einer bestimmten Menge auf dem Speisezettel erscheinen sollten. Aus diesem Grund sind sie auch **gelb** gekennzeichnet. Diese Gruppe gehört zur **Ergänzung** der Grundernährung und ist notwendig, um sich gesund zu ernähren.

Die **tierischen und pflanzlichen Fette** sind auf der **vorletzten Stufe** anzutreffen und **rot** untermalt, wie auch die **Spitze die Pyramide**, die **alle Genussmittel**, wie zum Beispiel Süßigkeiten und Alkohol, enthält. Die rote Markierung sowie dass sie an der Spitze der Pyramide liegen, gibt an, dass diese Nahrungsmittel selten auf dem Speiseplan auftauchen sollten.

Wie der Name schon sagt, sind sie Genussmittel gekennzeichnet und sollten als solche in Genussmomenten zu sich genommen werden.

Wer sich ungefähr an die Ernährungspyramide hält, der ernährt sich gesund wie ausgewogen und wird bald die Resultate bemerken.

Tipps zur Ernährungsumstellung

Wer dauerhaft sich gesünder ernähren möchte oder abnehmen will ohne den **ungeliebten Jojo-Effekt**, für diese Personen ist es ratsam, eine **allmähliche Ernährungsumstellung** vorzunehmen. Eine radikale Umstellung der Ernährung kann negative Folgen für die Gesundheit haben und ein Rückfall in alte Essgewohnheiten ist mit hoher Wahrscheinlichkeit vorprogrammiert.

Als erstes muss überlegt werden, in **welcher Hinsicht die Ernährung sich verändern** soll. Dazu müssen die Familienangehörigen miteinbezogen werden, denn meistens treffen solche Entscheidung nicht eine Person alleine. Mittlerweile gibt es für jede **Ernährungsform** ansprechende Rezepte, deren Ausprobieren viel Spaß machen. Je mehr Rückhalt ein Mensch für sein Vorhaben findet, umso geringer das Rückfallrisiko.

Ein **allmählicher Übergang** von der bisherigen Ernährung zur neuen lässt sich am einfachsten bewerkstelligen. Dabei steht die Überlegung, auf was man **am leichtesten verzichten** kann, im Vordergrund der Überlegungen. Nach und nach werden die betreffenden Lebensmittel ausgetauscht. Dazu gehört ebenfalls, dass der Kühlschrank und der Vorratsraum den neuen Maßstäben entsprechen. Denn sonst verleiten die vorhandenen Lebensmittel zu früheren Essgewohnheiten.

Eine **praktische Überlegung** betrifft das **Einkaufen der neu erforderlichen Lebensmittel**. Dazu sollte man sich die Frage stellen, ob in der Nähe die notwendigen Nahrungsmittel zu erhalten sind, wie die **Qualität** ist und stimmt das **Preis-Leistungsverhältnis**. Auch der **Zeitfaktor** ist nicht zu unterschätzen. Dauert die Zubereitung der Mahlzeiten zu lange, verliert die betreffende Person sehr schnell das Interesse an der Ernährungsumstellung.

Einkaufen zu gehen, ohne vorher gegessen zu haben, ist so ziemlich der größte Fehler, der allgemein gemacht werden kann. Schnell verfällt man in alte Gewohnheiten und kauft nach dem früheren Ernährungsplan wieder ein. Um dem vorzubeugen, empfiehlt es sich eine **Einkaufsliste** zu erstellen und das strikte Einkaufen nach genau dieser Liste.

Unterschätzen Sie nicht den **Genussfaktor**. Eine Diät, die ein Zuviel an Verzicht von Ihnen verlangt oder Ihnen nicht schmeckt, wird immer einen gegenteiligen Effekt haben. Suchen Sie sich bewusst eine Diät, die Ihnen und Ihren Bedürfnissen entgegen kommt. Oder Sie passen die Diät Ihren Bedürfnissen an. Ersetzen Sie zum Beispiel eine Zwischenmahlzeit durch süßen Imbiss. Sie müssen nur die Kalorienzahlen beachten und dass Sie diesen Snack als genussvolle Belohnung ansehen. Durch das Lutschen von Schokolade beispielsweise genießen Sie weitaus mehr und das Sättigungsgefühl stellt sich eher ein.

Schwangerschaft und Ernährungsmythen

Auch um den eigentlich schönsten Zustand einer Frau, die Schwangerschaft, ranken sich die seltsamsten Ernährungsmärchen. Zwar gibt es jede Menge Empfehlung zur optimalen Ernährung während der Schwangerschaft, doch so mancher Fehler hält sich äußerst hartnäckig fest.

Am bekanntesten ist wohl die Behauptung, **eine Schwangere müsse nun für zwei essen**. Es ist erstaunlich, wie viele Mütter dies ihren schwangeren Töchtern immer noch vorbeten. Die Folge ist, dass Mutter und Kind mit jeder Menge Übergewicht in der Schwangerschaft und nach der Entbindung zu kämpfen haben. Isst die Mutter zu üppig während der 9 Monate, dann wird das Kind und nicht nur die Mutter mit den Gewichtsproblemen ein Leben lang zu tun haben. Übergewicht wird also schon im Mutterleib angezüchtet.

In der Schwangerschaft **soll eine Frau essen, worauf sie Appetit hat**, ist ein weiterer Irrtum. Natürlich signalisiert der Körper, was ihm fehlt, durch verschiedene Gelüste, die Anlass zu manchen Belustigungen ist. Doch auf Dauer kann die **Ernährung einseitig** ausfallen. Auch Gemüse und Obst sind notwendig für Mutter und Kind, deshalb sollten die Gelüste in einen gesunden Nahrungsplan einfließen.

Wer sich unsicher ist, ob seine Ernährung optimal gestaltet ist oder nicht, dem empfehlen wir ein Gespräch mit dem behandelnden Arzt. Dieser ist qualifiziert, um mit der Patientin einen **gemeinsamen Essensplan** aufzustellen, der lecker und gesund ist.

Auf **Genussmittel** wie Tabak, Alkohol oder Kaffee sollte grundsätzlich verzichtet werden. Einige Frauen sind der Meinung, ein oder zwei Tassen **Kaffee** am Tag können dem Baby nicht schaden. Das ist ein fataler Irrtum. Schon kleinste Mengen Koffein schädigen das Herz des Ungeborenen oder sind für ein niedriges Geburtsgewicht verantwortlich. Das bedeutet, auch auf die geliebte **Cola** sollte eine werdende Mutter ihrem Kind zu Liebe verzichten.

Ein weiteres Märchen sind die berühmten 1000 Kalorien, die eine schwangere Frau **pro Tag zusätzlich** mehr essen sollte. Tun Sie es nicht, Ihre Gewichtszunahme dürfte extrem werden. Die Empfehlung von Ernährungsberatern liegt bei 100 Kalorien mehr pro Tag und Kind bis zum Beginn des 8. Monats. Ab diesem Zeitpunk benötigen Sie 300 Kalorien pro Tag.

Während der Schwangerschaft ist die ausgewogene Ernährung vor allem mit frischen Obst und Gemüse wichtig. Im Wesentlichen deckt sich die Nahrung einer Schwangeren mit der normalen **Vollwertkost**.

Besonders Patientinnen mit **Übergewicht**, **Diabetes** oder einer **raschen Gewichtszunahme** ist zu einem Arztbesuch außer der Reihe zu raten. Eine zu hohe Gewichtszunahme kann auf eine mögliche Erkrankung zurück zu führen sein und Frauen mit Übergewicht vor der Schwangerschaft gehören zu einer Risikogruppe, die besonders überwacht werden sollte.

Zum besseren Verständnis haben wir Ihnen eine Aufstellung vorbereitet, in welcher wir die **wichtigsten Nährstoffe und Vitamine** für eine Schwangere aufgeführt haben:

> ➢ **Folsäure** ist jeder Frau ein Begriff, die sich mit dem Gedanken an eine Schwangerschaft trägt. Folsäure sollte bereits vor einer geplanten Schwangerschaft zu sich genommen werden, weil es eventuellen Missbildungen am Körper, den Organen des Embryos vorbeugt. Ein Folsäuremangel ist beispielsweise für den so genannten offnen Rücken verantwortlich.

> ➢ Ein **Vitamin E - Mangel** verursacht nach neusten Studien aus England zu 95 % bei Kindern Asthma.

> ➢ **Eisen** ist für einen besseren Transport des Sauerstoffs über das Blut verantwortlich. Ein Mangel an Eisen kann zu Untergewicht des

Kindes führen wie zu Fehlentwicklung an Körper und Organen.

➢ **Probiotische Produkte** in der Schwangerschaft halten nicht nur die Mutter fit, sondern fördern auch die Gesundheit des Kindes.

➢ Das **Vitamin B12** ist sehr wichtig für die Bildung der roten Blutkörperchen. Da dieses Vitamin hauptsächlich in tierischer Nahrung vorhanden ist, raten Fachleute Schwangeren von einer rein vegetarischen Ernährung dringend ab.

➢ Für eine positive Entwicklung des Knochen- und Zahnaufbaus des Kindes ist eine ausreichende **Kalziumzufuhr** extrem wichtig. Kalzium befindet sich in Milchprodukten. Eine kanadische Studie beweist, Mütter, welche viel Milch in der Schwangerschaft trinken, haben gesündere und vor allem auch klügere Babys.

➢ **Vitamin C** stärkt nicht nur die Immunabwehr der Mutter, sondern auch die des Kindes und das hält bis zu 6 Monate nach der Geburt vor. Vitamin C ist in Zitrusfrüchten zu finden und sollte nicht als Präparat zu sich genommen werden.

➢ **Jod** wird oft unterschätzt in der Schwangerschaft. Doch bereits ab der 12. Schwangerschaftswoche nimmt das Schilddrüsenhormon seine Tätigkeit bei dem

Kind auf und durch regelmäßige Jodzufuhr wird die fetale Schilddrüse unterstützt und somit späteren Schilddrüsenerkrankungen vorgebeugt.

> Auf den Genuss von **rohem Fisch oder Fleisch** sollte eine zukünftige Mutter im Interesse ihres Kindes wegen der Gefahr von verschiedenen Schwangerschaftsvergiftungen und Toxoplasmosen verzichten.

> Eine Schwangere, die **viel Gemüse** isst, beugt einem Diabetes-Risiko bei ihrem Kind vor, das fanden schwedische Forscher heraus.

> **Reichlich Trinken** von Fruchtsäften, Tees, Milch oder Mineralwasser unterstützt den Wechsel des Fruchtwassers und versorgt das Baby optimal mit wichtigen Nährstoffen sowie Vitaminen. Denn das ungeborene Kind trinkt ab dem 2. Schwangerschaftsmonat auch Fruchtwasser.

> **Magnesiummangel** kann für vorzeitige Wehentätigkeit oder Fehlgeburten verantwortlich sein. Wenn Sie leichte bis mittlere Unterleibskrämpfe verspüren oder zu Fehlgeburten neigen, suchen Sie am besten Ihren Frauenarzt auf und lassen Sie Ihren Magnesiumspiegel im Blut feststellen. Bei vielen Frauen wird schon vorbeugend ein Magnesiumpräparat verschrieben.

> Falls bei Ihnen als werdende Mutter ein **umfassender Nähr-** oder / und **Mineralstoffmangel** festgestellt wird, dann lassen Sie sich ein Kombinationspräparat verschreiben. Inzwischen gibt es gut verträgliche Arzneien, die den Organismus der Mutter wie des Kindes unterstützen und dabei optimal in Versorgung wie Verträglichkeit sind.

Fazit: Eine Schwangerschaft ist keine Krankheit. Übermäßige oder falsche Ernährung schadet nicht nur Ihnen, sondern hat auch Auswirkungen auf die derzeitige wie spätere Gesundheit Ihres Babys. Ernähren Sie sich gesund, ballaststoffreich und vor allem abwechslungsreich. Die Ernährungspyramide kann Ihnen wichtige Anhaltspunkte zu einem ausgewogenen Speiseplan liefern. Von vegetarischer oder einseitiger Nahrung ist Ihnen in der Schwangerschaft dringend abzuraten. Ein Mangel an Mineralien oder Vitaminen kann der Arzt durch ein Blutbild relativ schnell feststellen. Fragen Sie Ihren Frauenarzt nach Kombinationspräparaten, falls mehrere Mangelerscheinungen zusammen auftreten.

Rabenmutter? - Milch aus dem Fläschchen

Die Gründe, warum ein Baby mit dem Milchfläschchen groß gezogen, wird sind vielfältig. Viele Mütter fühlen sich dann wie Rabenmütter, weil sie einfach nicht stillen können. Einige Hebammen geben einfach nicht auf, wenn die Milch Stress bedingt versiegt. Das frustriert Mutter und Kind zunehmend mehr. Die Folge sind ein schreiendes Kind und eine gestresste Mutter.

Dabei kann es so einfach sein. Die Industrie hat für diesen Fall vorgesorgt und jede Menge **Babymilchnahrungen** auf den Markt gebracht. Der darin enthaltene **Nährstoffgehalt** ist, dem der Muttermilch so weit wie möglich angepasst. Durch die gesetzlichen Vorschriften und die ständige Überwachung kann man sich sicher sein, dass dem Baby wirklich nur das Beste gegeben wird.

Begonnen wird mit der **Säuglingsanfangsnahrung**. Diese reicht vom ersten bis zum sechsten Lebensmonat und ist noch einmal unterteilt in die **Pre-Nahrung**, welche vom ersten Tag bis zum vierten Monat gegeben wird, und die **Anfangsnahrung 1**, die man dem Baby ab dem vierten Monat bis zum sechsten Monat gibt. Ab dem sechsten Monat setzt die Folgemilch ein, die wiederum unterteilt wird in **Folgemilch 2** (vom 6. bis zum 8. Monat) und der **Folgemilch 4** (ab dem 8. Monat).

Die **Vorteile** der Fläschchenmilch liegen auf der Hand.

➤ Die Eltern und das Kind sind **flexibler**, was Ausflüge betrifft. Überall werden gern die Fläschchen erwärmt und es muss nicht erst ein ungestörter Platz zum Stillen gesucht werden.

➤ Im Sommer sieht man oft **Väter**, die ihren Nachwuchs beim Spaziergang auf dem Arm stolz füttern.

➤ Und damit sind wir schon beim nächsten Vorteil. Der **Vater kann aktiv** in die Pflege des Babys eingebunden werden. Viele Männer freuen sich auf ihren Nachwuchs, doch meistens werden sie von den Müttern und Großmüttern verdrängt. Die frischgebackenen Papas kommen sich dann beiseite geschoben vor.

Also bringt die Fläschchennahrung viel Gutes auch für die Eltern. Sie können sich beim Füttern abwechseln und so für die **nötigen Ruhezeiten der Mutter** sorgen.

Die **Nachteile** sind der **Preis der Nahrung** und der **Aufwand zum Säubern der Flaschen wie Nuckel**.

Pfundige Kinder

Zunehmend müssen wir uns damit auseinandersetzen, dass die Deutschen immer dicker werden. Das betrifft auch unsere Kinder. Doch wo sind die Ursachen zu suchen? Allein in unserer Wohlstandsgesellschaft? Wohl kaum.

Falsches Essverhalten der Mutter in der Schwangerschaft legt quasi den ersten Grundstein für ein übergewichtiges Kind. Kommen dann noch eine **mangelhaftes Vorbildverhalten** beim Essen der Eltern und die bekannte **Bewegungsarmut** hinzu, dann kann man sicher sein, über kurz oder lang ein übergewichtiges Kind vor sich sitzen zu haben.

Übergewichtige Kinder erkranken früher an **chronischen Beschwerden wie beispielsweise Diabetes bzw. Bluthochdruck**. Zudem leiden sie unter den **Kommentaren und Hänseleien** ihrer Umwelt.

Damit stehen die Kinder wegen ihres Gewichts wiederholt unter einem **erhöhten physischen und psychischen Druck**. Frustrationsessen oder Magersucht können die **Spätfolgen** sein, die allgemein unterschätzt werden. Das Immunsystem ist zudem anfälliger.

Spätestens, wenn ein Kind in den Kindergarten geht, sollte bei Bedenken eine regelmäßige Gewichtskontrolle beim Kinderarzt erfolgen. Diagnostiziert dieser tatsächlich **Übergewicht bzw. ein Risikoneigung zum Übergewicht**, dann wird es

Zeit, die Ernährung radikal umzustellen. In diesem Alter können Kinder für eine **gesunde Ernährung** schnell mit einigen kleinen Tricks begeistert werden. Und vielleicht ist es ja auch eine gute Möglichkeit für die Eltern, mitzumachen und etwas abzunehmen.

Süßigkeiten sollten **eingeschränkt** werden, aber nicht ganz darauf verzichtet werden, denn das Gehirn benötigt Zucker, um einwandfrei zu funktionieren.

Für den **Happen zwischendurch** muss es nicht etwas Fettes wie Chips oder ähnliches sein. **Obst und Gemüse** hübsch zurecht geschnitten, wird von Kindern gern als Snack akzeptiert.

Vielleicht ist es auch an der Zeit, dass Kakao oder andere **süße Getränke durch Milch, ungesüßte Tees und mit Wasser verdünnte Fruchtsäfte** abgelöst werden.

Sind die **Essensportionen etwas kleiner**, dann kann es dem Kind nur gut tun.

Unterstützung und Hilfen finden die Eltern beim Kinderarzt, im Kindergarten und im Internet. Es gibt mehrere Initiativen, die sich mit genau diesem Problem der pfundigen Kinder beschäftigen.

Bausteine für Gesundheit und Schönheit

Wie wichtig eine ausgewogene Ernährung ist, wurde in mehrfachen internationalen Studien nachgewiesen.

So haben Wissenschaftler unter anderem den **Zusammenhang zwischen Ernährung und Gesundheit wie Schönheit** länderübergreifend untersucht. Die Feststellungen sind ernüchtern. Die Deutschen ernähren sich zum überwiegenden Teil ungesund und die Auswirkungen werden die Ärzte sowie Schönheitschirurgen noch etliche Jahre lang beschäftigen.

Tatsächlich baut sich **Schönheit und Gesundheit von innen** auf. Das bedeutet, die Nahrung, welche wir zu uns nehmen, ist verantwortlich für unser Aussehen, die Gesundheit und ein stabiles Immunsystem. Leider werden die Auswirkungen einer ungesunden Lebensweise völlig unterschätzt.

Den wenigsten Menschen ist zum Beispiel bekannt, dass **Schlafmangel für Übergewicht** verantwortlich sein kann. Ernährungswissenschaftler fanden heraus, wer weniger als 7 Stunden schläft, wird großer Wahrscheinlichkeit dick. Durch einen Mangel an Schlaf kommt es zu einer Beeinträchtigung der normalen Funktionsweise der Appetits- und Sättigungskontrolle im Gehirn.

Zu **fettreiche Kost** ist für die unbeliebten Pölsterchen auf den Hüften und Co verantwortlich. Kommt dann noch ein Mangel an sportlichen Aktivitäten dazu, so ist das Übergewicht fast vorprogrammiert.

Stark gewürzte Speisen führen zu Hautproblemen, nicht nur bei Pubertierenden.

Zu einer gesunden Ernährung gehören neben **Fetten, Kohlenhydraten und Eiweiß, Vitamine und Mineralstoffe.**

Wer meint, ein mögliches Manko mit **Ergänzungstabletten** wieder wett zu machen, irrt gewaltig. In diesen Tabletten sind in nur sehr geringen Mengen die angebotenen Vitamine und Mineralien. Da sie auch nur synthetisch hergestellt wurden, können sie nicht im erwarteten Umfang ihre Wirkung entfalten. Das bedeutet, die fehlenden Vitamine müssen durch bestimmte Nahrungsmittel zu sich genommen werden.

So findet man die verschiedenen Vitamine:
- ➤ **Vitamin A** in Butter, Käse, Milch, Eiern, Leber und Fisch.

- ➤ Das **Provitamin A** (Beta- Carotin) wird durch den Verzehr von Karotten, Spinat, Grünkohl, Feldsalat und Tomaten zu sich genommen.

- ➤ Die **B-Vitamine** sind in Fleisch, Hefe, Vollkornprodukten, Milch, Erbsen und Paprika zu finden.

- ➤ Eigelb, Leber, Soja, Nüsse und Champignons enthalten **Biotin, Folsäure, Pantothensäure.**

➢ **Vitamin C** ist unser Energiespender und man findet es in Johannisbeeren, Kiwis, Zitrusfrüchten, Kartoffeln und Erdbeeren.

➢ Dagegen enthalten Lebertran, Fisch und Eier das **Vitamin D**.

➢ Pflanzliche Öle und Nüsse zu sich zu nehmen, lohnt sich, weil hier das **Vitamin E** enthalten ist.

Mineralstoffe sind ein wichtiger Baustein für unseren Organismus aber auch für den inneren Aufbau unserer Schönheit.

➢ **Kalium** ist für den Energiespeicher unserer Muskulatur wichtig und man kann es durch den Verzehr von Nüssen, Schokolade, Fleisch und Bananen zu sich nehmen.

➢ **Calcium** (Milchprodukte) ist besonders wichtig für Kinder, da es notwendig für den Aufbau wie den Erhalt von Knochen und Zähnen ist.

➢ **Magnesium** benötigen die Knochen, die Nerven und die Muskeln, um zu funktionieren. Reichhaltig an Magnesium sind Vollkornprodukte, Nüsse, Sojabohnen, Käse und Naturreis.

➢ **Jod** muss in ausreichendem Maße im Körper vorhanden sein, damit die Schilddrüse in ihrer Funktionsweise nicht beeinträchtigt wird. Hier bietet sich jodiertes Speisesalz an.

- ➤ **Kieselerde** hilft gegen hormonell bedingten Haarausfall. Dieses Mineral ist nur als Präparat erhältlich.

- ➤ **Natrium** wird mit Speisesalz aufgenommen und ist für Knochenaufbau notwendig.

- ➤ **Hefe,** besonders **Bierhefe** gibt den Haaren den Glanz zurück und unterstützt das Haarwachstum. Hefe ist Weißbrot enthalten. Hefetabletten können zeitweise einen Erfolg bringen, aber nicht auf Dauer.

- ➤ **Zink** wird oft als Spurenelement unterschätzt. Dabei ist es für den Stoffwechsel, bei Haarwachstum mit entscheidend und bei der Wundheilung. Zink finden Sie hauptsächlich in Sonnenblumenkernen oder tierischer Leber.

Wer sich also seine Vitalität, Schönheit und Gesundheit erhalten will, sollte eine abwechslungsreiche Ernährung auf dem Speiseplan stellen.

Nahrungsmittel - Intoleranz

Jeder hat schon einmal davon gehört und immer mehr Menschen sind davon betroffen, die Nahrungsmittel – Intoleranz. Immerhin sind durchschnittlich 5 bis 7 Prozent der Bevölkerung betroffen. Die Dunkelziffer dürfte höher liegen, da die Diagnostik nur bei schweren Fällen erfolgt. Leichtere Unverträglichkeiten werden nicht als solche wahrgenommen, da einfach auf die Allergie auslösende Lebensmittel verzichtet werden.

Zwischen einer **Allergie** und einer **Unverträglichkeit** kann nur schwer unterschieden werden. Eine Allergie ist nachweisbar, dagegen eine Unverträglichkeit nicht.

Ursache für eine Nahrungsmittelallergie ist, dass das **Immunsystem auf einen bestimmten Stoff in der Nahrung allergisch** reagiert. Dagegen kommt es bei einer Nahrungsmittelunverträglichkeit zu keiner Immunreaktion. Trotzdem wird das Gewebshormon Histamin freigesetzt.

Typisch ist der Unterschied bei der Milch. Während bei einer Allergie der Patient überhaupt keine Milch mehr zu sich nehmen kann, weil es dann sofort zu allergietypischen Beschwerden kommt, sieht das bei einer Unverträglichkeit ganz anders aus. Hier ist es so, dass ein **Mangel** an dem Enzym besteht, welches die Milch im Körper abbaut. Es können jedoch kleine Mengen an Milch zu sich genommen werden.

Die Nahrungsmittel – Intoleranz betrifft beide Formen, die Unverträglichkeit wie die Allergie.

Die bekanntesten Arten der Nahrungsmittel – Intoleranz betreffen **Lactose, Fructose, Gluten und Histamin Intoleranz.**

Laktase ist das Enzym im Dünndarm, welches für die Spaltung von Milchzucker verantwortlich ist. Wenn dieses Enzym zu wenig vorhanden ist, kommt es zu einer **Laktose-Intoleranz. Häufige Symptome** sind Schweißausbrüche, Übelkeit und Durchfall. In den meisten Fällen kann diese Intoleranz durch einen **Atemtest** feststellen.

Fructose oder auch Fruchtzucker- Intoleranz ist auf mangelhaftes Transportsystem im Darm zurückzuführen. **Symptome** sind ähnlich der Lactose-Intoleranz, hinzukommen noch Depressionen und Konzentrationsschwäche. Auch hier ist die Diagnose über den **Wasserstoffatemtest** möglich.

Gluten-Intoleranz entsteht durch eine entzündliche Reaktion des Darms auf das verzehrte Gluten. Eine Heilung ist nicht möglich. Die **Symptome** sind wie schon bei Laktose- und Fructose- Intoleranz. Die Diagnose erfolgt über eine **Darm-Biospsie** oder einen **Bluttest**.

Histamin-Intoleranz liegt vor, wenn das Histamin nicht im Körper abgebaut werden kann, weil die dafür verantwortlichen Enzyme nicht richtig funktionieren. Ob jemand an einer Histamin-Intoleranz leidet, lässt sich an Hand eines **Bluttestes** feststellen. Die meisten **Symptome** sind hier Hautausschlag, Herzrasen, Kreislaufprobleme und Übelkeit.

Die unbehandelten Nahrungsmittel-Intoleranzen können bis zu **geistiger Behinderung** oder dem Auslösen von **ADHS** bei Kindern führen. In wieweit **Lernschwäche** auf eine Nahrungsmittel-Intoleranz zurück zu führen ist, wird derzeit in Tests erforscht. Doch ein gewisser Zusammenhang lässt sich nicht mehr ausschließen. Bei ADHS wurde unter anderem eine Zuckerunverträglichkeit beobachtet, welche eine Konzentrationsphase unmöglich macht. Hier wird der Zucker in reines Adrenalin umgewandelt und wirkt wie pures Dextrose auf das Hirn und den Körper.

Wer den Verdacht hat, er oder ein Familienmitglied leidet an einer der Intoleranzen, sollte dringend den **Arzt** aufsuchen und das weitere Vorgehen besprechen. Scheuen Sie sich auch nicht, Ihren Verdacht auszusprechen. Ärzte sind nicht allwissend und benötigen mitunter auch einen Denkanstoss. Sollte Ihr Arzt keine Tests anordnen, dann suchen Sie einen weiteren Arzt auf, der sich mit Ernährungsumstellungen oder Allergien auskennt.

Gesunde Rituale

Rituale kennt jeder aus seiner Kindheit. Doch sie bestimmen auch als Erwachsene unser Leben, denn sie erleichtern unser Leben.

Routine führt dazu, dass viele Dinge des Alltags automatisiert ablaufen. Das birgt natürlich auch **Nachteile**, denn ungesunde Verhaltensweisen beruhen in der Hauptsache ebenfalls auf Ritualen, wie die Schokolade nach dem Essen oder vor dem Einschlafen. Besonders **Stresssituationen** verstärken schlechte Angewohnheiten wie zum Beispiel der Genuss von dem abendlichen Bier zum Abschalten. Weiten sich diese angeblichen Genüsse aus, wollen viele damit aufhören, doch alte Unsitten schleichen sich schnell wieder ein.

Wer wirklich etwas verändern will, sollte die **schlechten Rituale durch gesunde** allmählich ersetzen. Dabei müssen diese neuen Gewohnheiten zu den Lebensumständen passen.

Beispiele für **körperliche neue Rituale** sind das Treppensteigen, Fahrradfahren. Wer viel sitzt sollte täglich 30 min spazieren gehen. Regelmäßige Lockerungs- und Dehnungsübungen bieten sich für alle an, die viel stehen müssen.

Psychische Rituale können unter anderem die täglichen 5 Minuten mit einer Entspannungstechnik sein oder die Pflege privater Beziehungen. Ab und zu sollte man sich mit Kleinigkeiten verwöhnen.

Veränderungen bei der Ernährung lassen sich leichter bewerkstelligen. So kann die Keksdose durch einen Teller mit Obst und Gemüse ersetzt werden. Der Kaffee beispielsweise lässt sich durch Tee ersetzen.

Gesunde Rituale lassen sich auch am **Arbeitsplatz** einführen.

> ➢ Wer in seiner Mittagspause ein Stück **spazieren** geht, der tut schon sehr viel für seine Gesundheit.

> ➢ Viele Beschäftigungen werden hauptsächlich am Schreibtisch und damit im Sitzen ausgeführt. Im **Stehen telefonieren** bringt den Kreislauf in Schwung.

> ➢ Und ein **Bildschirmschoner mit gymnastischen Übungen** verleitet eher zu Aktivität als ein Schoner mit träger herum schwimmenden Fischen.

> ➢ Statt in die nächsten Zimmer zu telefonieren, lohnt es sich, den betreffenden Kollegen **aufzusuchen**. Das ist nicht nur für die körperliche Betätigung geeignet, sondern auch für die zwischenmenschlichen Beziehungen.

> ➢ Und oberste Grundregel für gesunde Rituale am Arbeitsplatz ist das **Einhalten der Pausenzeiten**.

In den **eigenen vier Wänden** können Sie schnell neue Rituale einführen. Damit Sie daran festhalten, schreiben Sie diese am besten auf und hängen sie dort auf, wo Sie Ihre neuen Vorsätze stets sehen können bzw. mehrmals am Tag vorbeilaufen.

Was halten Sie davon, die Brötchen **mit dem Fahrrad** zu holen statt mit dem Auto. Einerseits tun Sie so etwas für die Umwelt und andererseits treiben Sie Sport.

Oder möchten Sie **täglich etwas Sport** treiben? Statt sich vor den Fernseher zu setzen, planen Sie lieber 20 min am Tag für eine leichte Gymnastik ein. Das bringt den Körper und den Geist wieder in Schwung und macht Sie so leistungsfähiger.

Sie glauben, Sie müssen Ihre heiß geliebte **Schokolade** aus der Wohnung verbannen? Genießen Sie lieber die Schokolade in einer ruhigen Minute, indem Sie den Riegel lutschen. So verlängert sich der Genuss und das Sättigungsgefühl wie die Glückshormone setzen eher ein. Das hilft beim Abnehmen und ist gleichzeitig eine großartige Belohnung.

Das sind nur einige Beispiele für gesunde Rituale, die sich unbegrenzt erweitern lassen. Wichtig ist nur, dass diese kein Vorhaben bleiben, sondern umgesetzt werden.

Die besten Kalorienvernichter

Wir haben Ihnen die besten Kalorienkiller einmal übersichtlich zusammengestellt:

Algen enthalten viel von den Vitaminen C und B sowie sättigende Ballaststoffe und Jod, welches als echter Kalorienverbrenner wirkt. Diese Stoffe kurbeln den Stoffwechsel an und steigern so die Leistungsfähigkeit. Leider fehlt immer noch eine schmackhafte Zubereitung für Algen.

Täglich einen **Apfel** auf dem Speiseplan, unterstützt jede Diät. Denn in Äpfeln befindet sich jede Menge Vitamin C, Kalium, leicht verdauliche Kohlenhydrate, Pflanzenstoffe und Ballaststoffe – wie etwa Pektin, was die Verdauung fördert, Durchfall lindert und den Cholesterinspiegel senkt.

Bittermelone ist kaum bekannt, doch sie hilft bei Verstopfung, Magen- wie Leberbeschwerden und aktiviert die Produktion des Hormons Adiponektin, welches in den Fettzellen gebildet wird. Es veranlasst die Sättigung, kurbelt die Fettsäureverbrennung an und beschleunigt den Abbau der Fettpolster am Bauch sowie den Hüften.

Cholin ist ein Stoff, welcher auch in unserem Körper vorkommt. Sie können es aber auch über Nahrungsmittel wie Leber, Eier und Soja aufnehmen. Und das ist gar nicht so verkehrt, denn immerhin unterstützt es den Stoffwechsel, da es sich an Fettzellen anlagert und eindringt. Zusätzlich sorgt es für eine bessere Konzentrations- und Gedächtnisleistung.

Chrom spielt eine große Rolle beim Zuckerstoffwechsel, indem es die Insulinproduktion und damit auch das Hunger- wie das Sättigungsgefühl beeinflusst. Am besten nehmen Sie Chrom über Fleischwaren, Innereien, Eier, Tomaten, Kopfsalat, Kakao und Pilze zu sich.

Die meisten **Gemüsesorten** sind kalorienarm, haben aber dafür reichlich Flüssigkeit und Substanzen, mit denen die Fettverbrennung angeregt wird. Dazu gehören Paprika,

Tomaten, Sauerkraut, Hülsenfrüchte wie Bohnen, Erbsen und Linsen. Sie sind ballaststoffreich, was gut für die Verdauung und die Sättigung ist.

Grapefruit ist nicht jedermann Sache. Doch Grapefruit-Extrakt verbessert die Durchblutung und hat Amine, die die Fettverbrennung vorantreiben und so den Energieumsatz erhöhen. Nehmen Sie Grapefruit am besten nach dem Essen ein, dann entfaltete es seine größte Wirkung.

Jod ist ein essentielles Spurenelement und Bestandteil von wichtigen Schilddrüsenhormonen, welche die Wärmeproduktion und den Stoffwechsel des Körpers anregen. Es ist in Fisch, Algen und anderen Meeresprodukten vorhanden.

In **Johannisbeeren** stecken jede Menge Vitamin C. Außerdem enthalten sie den Mineralstoff Magnesium sowie Kalium und Eisen, die wahre Sattmacher sind und den Stoffwechsel anregen.

Koffein fördert die Fettverbrennung, die Wärmeproduktion sowie den Blutdruck des Körpers und heizt so den Stoffwechsel an.

Omega-3-Fettsäuren finden sich in Lachs, Makrele, Hering oder Thunfisch, senken den Cholesterinspiegel, die Blutfettwerte und das Hungergefühl. Außerdem transportieren sie ungünstige Fette aus den Zellen in die Leber, wo sie sofort verbrannt werden.

Ungesättigte Fettsäuren wirken positiv auf Blutgerinnung wie den Cholesterinspiegel ein und sind in pflanzlichen Ölen, Nüssen und Fisch enthalten.

Vitamin C benötigt der Körper, um das für die Fettverbrennung wichtige Hormon Noradrenalin zu produzieren. Dieses hilft Fett aus den Fettzellen herauszulösen und abzutransportieren.

Zink lässt das Hormon Insulin besonders gut wirken und hält das unerwünschte Dickmacherhormon in Schach.

Inhaltsverzeichnis:

Vorwort 3
GESUNDE ERNÄHRUNG 5
Die größten Diätschwindel Teil 1 6
Die größten Diätschwindel Teil 2 8
Die größten Diätschwindel Teil 3 10
Die größten Diätschwindel Teil 4 12
Diätirrtümer 14
Schwere Knochen – was steckt wirklich dahinter?........ 16
Die heimlichen Dickmacher 17
Der große Diäten- Check 19
Die große Fettlüge 21
Schokolade – der Dickmacher schlechthin? 23
Sich schlau Essen – so geht es 26
Probiotische Lebensmittel auf dem Prüfstand.............. 29
Zunehmen – die Diät für Dünne................................. 31
Vegetarische Ernährung – Gruppeneinteilung 33
Vegetarische Ernährung – pro und contra.................... 35
Ernährungspyramide 38
Tipps zur Ernährungsumstellung 40
Schwangerschaft und Ernährungsmythen.................... 42
Rabenmutter? - Milch aus dem Fläschchen 48
Pfundige Kinder 50
Bausteine für Gesundheit und Schönheit 52
Nahrungsmittel - Intoleranz 56
Gesunde Rituale 59
Die besten Kalorienvernichter.................................... 62